55 432
A

MONSIEUR LE COMTE
DE CHAMBORD
(LE DUC DE BORDEAUX).

PAR UN VISITEUR IMPARTIAL.

2ᵐᵉ ÉDITION.
Prix : 10 centimes.

PARIS.

DENTU,	JEANNE,
PALAIS-NATIONAL, GALERIE VITRÉE.	PASSAGE CHOISEUL, Nº 68.

1849

MONSIEUR LE COMTE

DE CHAMBORD

(LE DUC DE BORDEAUX).

PAR UN VISITEUR IMPARTIAL.

2ᵐᵉ ÉDITION.

PARIS.

DENTU, | JEANNE,
PALAIS-NATIONAL, GALERIE VITRÉE. | PASSAGE CHOISEUL, N° 68.

1849.

M. LE COMTE DE CHAMBORD

(LE DUC DE BORDEAUX).

CHAPITRE PREMIER.

Naissance du duc de Bordeaux. — Sa première éducation. — Révolution de Juillet.

Le 29 septembre 1820, naquit l'enfant que le duc de Berry avait annoncé à la France, lorsque, sur son lit de mort, il disait à sa femme : « Mon amie, ne vous laissez point accabler par la douleur, ménagez-vous pour l'enfant que vous portez dans votre sein. » Depuis l'assassinat du duc de Berry, la France était dans le deuil, car elle avait perdu un noble cœur, un prince qui ne regrettait en mourant que d'avoir été assassiné par un Français. Cependant, ses dernières paroles avaient laissé un rayon d'espoir ; quand cet espoir fut réalisé, et que les vingt et un coups de canon annoncèrent que Dieu avait exaucé les vœux si ardents de la famille royale, une joie générale s'empara des cœurs. Une seule famille ne se réjouit pas ; ce fut la famille du duc d'Orléans, qui avait espéré arriver au trône par la mort du duc de Berry, et qui, de ce moment, ne cessa de conspirer contre la branche aînée.

L'enfant que la duchesse de Berry venait de mettre au monde, fut appelé Henri, en souvenir du roi Henri IV son aïeul, Dieudonné, car c'était vraiment Dieu qui l'avait donné à la France par un miracle, comme disait Lamartine lorsqu'il l'appelait *l'enfant du miracle*, et, enfin, duc de Bordeaux, du nom de la bonne ville de Bordeaux qui lui envoya un berceau par trois dames de la Halle, berceau dans lequel l'enfant de la France dormait sans crainte comme entre les bras du peuple. Quatre gardes nationaux libéraux, MM. Peigné, Laîné, Dauphinot et Triozon-Sadourni, assistèrent à la naissance de Henri et signèrent l'acte de naissance avec la famille royale.

Ce jour fut signalé par des bienfaits de toute espèce : ce furent de grosses sommes d'argent distribuées aux malheureux par les princes, puis les mois de nourrice des enfants mâles nés le même jour que le prince payés par le Roi, qui voulut encore faire placer à la Caisse d'épargne 200 francs pour chacun de ces enfants ; vingt prisonniers pour dettes furent mis en liberté ; enfin, il n'y eut pas jusqu'à deux grands coupables, Bouton et Gravier, qui avaient voulu tuer la duchesse de Berry et l'enfant encore dans son sein, qui ne reçurent leur grâce, que la bonne duchesse de Berry demanda elle-même, comme son mari avait réclamé, en mourant, la grâce de son assassin. Ainsi, ceux qui avaient voulu tuer le duc de Bordeaux avant sa naissance, durent leur vie à sa naissance même.

La famille royale n'avait pas de joie qu'elle ne voulût faire partager au peuple ; on donna des banquets aux ouvriers. Ce jour fut ainsi une fête pour tous.

Le 1ᵉʳ mai suivant, jour du baptême du prince, de nouveaux dons furent répandus, et 50,000 francs furent donnés aux ouvriers.

Ce fut alors que s'ouvrit la souscription destinée à offrir le château de Chambord au prince qui venait de naître; grands et petits, riches et pauvres, soldats, ouvriers y concoururent. Ils ne se doutaient pas qu'ils donnaient au duc de Bordeaux un nom pour son exil. Depuis la révolution de Juillet, Louis-Philippe disputa la propriété de Chambord à l'exilé; mais les tribunaux surent conserver au prince un bien qui lui est si cher, parce que c'est la France qui le lui a donné.

L'éducation de Henri commença presque au berceau. Pas un de ses petits caprices qui ne fût réprimé, pas un de ses défauts naissants qui ne fût corrigé; ses instituteurs reçurent sur ce point les ordres les plus sévères. M. Barande, un des élèves les plus distingués de l'Ecole Polytechnique, eut la direction de ses études; à quatre ans le petit prince savait lire. Il prenait toutes ses leçons avec plusieurs enfants traités en tout comme ses égaux. Un cours de gymnastique du colonel Amoros vint encore développer la force et l'agilité naturelle du jeune prince.

La bonté de cœur de Henri se trahissait à chaque instant par des traits que n'ont point oubliés ses anciens serviteurs. Une fois, par exemple, vivement contrarié par sa gouvernante, Henri laisse échapper un gros juron; on lui demande qui lui a appris à parler ainsi : « Je ne puis le dire, répondit-il. — Et pourquoi? — On le gronderait bien fort. »

Sa mère ne put obtenir d'autre réponse. Conduit

au Roi, il se laisse punir plutôt que de dénoncer le coupable : « Je ferais une bien plus grande faute, dit-il, si je causais sa perte. » En sortant de chez le Roi, Henri rencontre ce coupable, c'est un valet de chambre ; il le tire par son habit et lui dit : « Sois tranquille, je ne t'ai pas nommé. »

Dès son enfance, Henri montrait une disposition prononcée pour tout ce qui était militaire; l'habit de soldat était celui qu'il préférait. Souvent, dans ses promenades, il se reposait au corps-de-garde, ne permettant pas qu'on fît pour lui le moindre changement : « Cela sent bon, disait-il en entrant, cela sent le soldat. » Ses récréations se passaient à batailler avec ses petits camarades : deux camps se formaient; d'un côté les Français, de l'autre les Anglais et les Prussiens. Henri, toujours à la tête des Français, s'élançait avec furie sur ses jeunes ennemis, criant : « Victoire à la France ! Anglais, rendez-vous ! »

Le brave La Villate, vieille moustache, intrépide militaire, ne fit que développer ces goûts belliqueux lorsqu'il fut attaché au jeune prince ; il ne le quittait pas, il couchait dans sa chambre et le réveillait militairement.

Parmi tous ses aïeux, Henri avait choisi pour exemple le Roi du peuple, le bon Henri. « Je veux être Henri IV second, disait-il souvent. »

Tel était Henri en 1830, c'est-à-dire à neuf ans. Il n'aurait pas dû avoir d'ennemis. Cependant il en avait un au sein de sa famille ; c'était le duc d'Orléans. Les bontés de la famille royale pour lui et ses enfants, l'affection de la bonne duchesse de Berry, rien ne pouvait étouffer les projets du duc d'Orléans; il lui fallait la couronne. Ce n'était certes pas en 1830 qu'elle eût dû tomber sur son front, car jamais la France n'avait été plus prospère ; elle était la première puissance de l'Europe. Charles X voulut alors entreprendre la conquête d'Alger, qui assurait à la France une superbe colonie à quatre jours de navigation, et un nouveau débouché pour son commerce. Cette conquête, que les premiers capitaines avaient jugée impossible, fut faite en trois semaines, malgré l'Angleterre qui, toujours opposée à notre intérêt et à notre gloire, avait fait entendre des menaces ; mais Charles X, auquel on a reproché tant de fois d'être faible, montra bien qu'il n'était pas homme à rien céder aux étrangers quand il s'agissait du bien de la France. Ce fut cependant au milieu de cette gloire et de cette prospérité qu'éclata la révolution attendue depuis si long-temps par le duc d'Orléans.

Exaspéré de la gloire dont la conquête d'Alger allait couvrir la France, et craignant que l'amour du peuple pour un Roi qui venait d'accomplir une si belle entreprise, n'augmentât encore, le parti révolutionnaire, sûr de l'appui de l'Angleterre, ne cherchait qu'un prétexte pour faire éclater la révolte. Ce prétexte, le Roi, mal conseillé, le lui donna bientôt par les ordonnances du 25 juillet. Un Anglais tira le premier, rue Saint-Honoré, sur la garde royale ; ce fut le signal. La garde se défendit avec courage, mais modération, car les soldats tirés par les fenêtres n'enfoncèrent pas une seule porte. Le Roi se trouvait alors à Saint-Cloud ; dès qu'il avait connu l'effet qu'avaient produit les ordonnances, il les avait retirées ; mais ce n'était pas l'affaire du duc d'Orléans. Ce prince se déroba afin de n'être pas forcé de se mettre à la tête de ceux qui se précipitaient dans l'insurrection : il voulait recueillir le fruit de la révolte sans en encourir la responsabilité.

Cependant le Roi, redoutant les maux d'une guerre civile, abdiqua en faveur de son petit-fils le duc de Bordeaux, nommant le duc d'Orléans lieutenant-général du royaume, et le chargeant de faire proclamer le nouveau Roi sous le nom de Henri V. On sait comment le tuteur se fit proclamer lui-même à la place de son pupille, le 7 août, par deux cent dix-neuf députés qui n'en avaient nullement le droit, et avant même que toute la France eût connaissance des évènements.

Le 3 août, Charles, entouré de troupes fidèles, prêtes à mourir pour lui s'il l'avait voulu, quitta Rambouillet pour se rendre à Cherbourg. Au moment de monter en voiture, Henri, apercevant sa mère, lui dit : « O maman ! allons à Paris, je ne te quitte pas. » Madame voulait, en effet, se rendre avec son fils au milieu du peuple qui l'aimait tant, mais le Roi ne le permit pas. Pendant les treize jours que la famille royale mit à se rendre à Cherbourg, elle rencontra des populations qui ne craignaient pas de lui prouver leur amour et de dire tout haut : Revenez bientôt !

Les trois commissaires du gouvernement provisoire qui reconduisirent la famille royale, furent MM. de Schonen, Maison (comblé de biens par les princes) et Odilon Barrot ; ce dernier dit au Roi, au moment où il montait sur le bâtiment : « Sire, conservez bien ce précieux enfant sur lequel reposent les destinées de la France. »

CHAPITRE II.

Éducation de Henri dans l'exil. — Séjour en Ecosse, à Prague et à Goritz. — Mort de Charles X. — Les champs de bataille de la République et de l'Empire. — Voyage à Rome.

Si Henri était resté dans sa patrie, son éducation, si fortement commencée, eût certainement continué à être dirigée par les hommes les plus habiles et les plus éminents de la France ; mais cependant quelle différence avec l'éducation de l'exil ! Les leçons de l'adversité fortifient son cœur, ses malheurs lui apprennent que les Rois sont faits comme les autres hommes et ne sont pas à l'abri des douleurs ; que, « pour être dignes de commander, il faut qu'ils montrent leurs vertus à côté de leurs droits, » selon la belle expression de Lamartine : éloigné de son pays, il jugera mieux les grandes luttes qui s'y préparent et saisira mieux par quels moyens on aurait pu les éviter. Son instruction se développera mieux dans l'exil ; il étudiera l'art militaire sur les champs de bataille de la République et de l'Empire, accompagné par les généraux de ces glorieuses époques ; les ports d'Italie et d'Angleterre lui offriront toutes les ressources nécessaires pour connaître la marine.

Toutes les branches d'industrie seront étudiées par lui avec un soin minutieux; de vingt à vingt-cinq ans, à cet âge où nos jeunes gens sont pour la plupart incapables d'un travail sérieux, Henri sera un des hommes des plus complets et des plus remarquables de son temps.

Suivons Henri dans toutes les pérégrinations de son exil et ne craignons pas d'examiner sa conduite; nous n'y trouverons rien qui ne soit digne d'un Français.

La première station que fit la famille exilée, fut en Écosse, après un moment d'arrêt en Angleterre, à Lullworth; au moment de quitter cette ville pour se rendre à Édimbourg, Mademoiselle dit à son frère : « Je serai plus heureuse que toi, je ferai le voyage par terre, et toi tu iras par mer, tu ne verras rien. »

— «Ah! répondit Henri, je ne voudrais pas changer avec toi, je verrai la côte de France! »

Une fois établi à Holyrood en Écosse, Henri reprit de nouveau ses études. L'exercice du cheval, auquel il se livrait avec une hardiesse au-dessus de son âge, et celui du tir au pistolet qui développa son adresse, étaient ses exercices favoris. Les montagnes de l'Écosse remplacèrent les exercices de la gymnastique; il les escaladait avec une agilité qui rappelait Henri IV enfant, dans les montagnes du Béarn.

Les deux ans que la famille exilée passa en Écosse suffirent pour lui attirer l'amour de ces populations, qui reconduisirent ces bons princes jusqu'au lieu de leur embarquement, en versant des larmes, lorsqu'ils quittèrent l'Écosse, à l'automne de 1832, pour se rendre à Prague, capitale de la Bohême.

Deux vieux soldats de l'Empire : Latour-Maubourg, surnommé Jambe-de-Bois, parce qu'il avait laissé une de ses jambes sur le champ de bataille de Leipsick, et le général d'Hautpoul, ancien officier d'ordonnance de Napoléon, furent alors attachés à Henri. Ces choix montrent bien que la famille royale ne cherchait que l'honneur et le talent. Pendant les quatre années de son séjour à Prague, Henri continua ses études.

En 1836, la famille exilée prit le chemin de Goritz en Illyrie. Trois semaines à peine après son arrivée, le Roi Charles X mourut, frappé par le choléra, pardonnant à ses ennemis et priant pour la France.

Cependant les études de Henri étaient terminées, et les Français de toutes les opinions, venus à diverses époques, pouvaient constater qu'il savait tout ce qu'un homme et un prince doivent connaître. Ce fut alors qu'il commença un voyage véritablement européen; car, à l'exception de sa patrie, fermée à ses pas par une loi cruelle, Henri visita à peu près toute l'Europe. L'Autriche, l'Allemagne, l'Italie, l'Angleterre, tels sont les pays où nous le suivrons. Afin de parcourir ces contrées avec plus de liberté, Henri voyageait incognito, sous le nom de comte de Chambord. Malgré cet incognito, il ne put toujours se dérober aux honneurs que les princes étrangers voulaient lui rendre.

Ce qui exaltait le plus son âme si française, c'était la vue des glorieux champs de bataille de la République et de l'Empire. Accompagné de généraux de ces époques, et entr'autres du général Vincent, Henri se faisait religieusement raconter nos plus belles victoires. Il suivait le mouvement des armées en tenant le plan de la bataille à la main, il faisait mouvoir les troupes, commandait la charge décisive, et enfin, il livrait de nouveau par la pensée, les grands combats de nos pères ; ses yeux, brillant d'un éclat nouveau, semblaient dire : Que n'étais-je là !

Cette vivacité de sentiment, qui l'empêche de cacher ses moindres émotions, lui fit manifester, au camp de Vérone, le regret de voir des uniformes autrichiens là où nos uniformes brillèrent autrefois.

Plus tard, Henri étudia, dans toutes ses grandeurs anciennes et modernes, Rome, la ville éternelle, dans laquelle il fit à deux reprises un assez long séjour, malgré le gouvernement de Louis-Philippe qui ne craignit pas d'en venir jusqu'aux menaces vis-à-vis du souverain-pontife. Rome semblait trop près de la France, non pas que l'on pensât qu'Henri voulût essayer de reconquérir son trône au moyen de la guerre civile ; il avait trop clairement fait connaître sa pensée par cette devise qu'il s'était choisie « Tout pour la France et par la France. » Mais une multitude de Français seraient à portée de connaître ce prince qui s'attirait tous les cœurs. Voilà le complot que l'on craignait. Non-seulement le souverain-pontife ne fit pas droit à ces exigences injustes, mais encore il voulut recevoir Henri de France avec les honneurs dus au petit-fils de saint Louis ; il lui fit assigner une tribune réservée à Saint-Pierre de Rome, et l'on a remarqué que, par un singulier hasard, au-dessus de cette tribune se trouvait écrite cette sentence : « Il devint un moyen de réconciliation dans un temps de colère. » Parmi tous les témoignages et tous les hommages que rendirent au mérite de Henri les Français qui le virent à Rome, il en est un bien remarquable ; c'est cette parole sortie de la bouche de M. de Flahaut, ambassadeur de Louis-Philippe : « Le jour où j'ai vu M. le comte de Chambord à Rome, j'ai été frappé de deux choses remarquables en sa

personne: son air de grandeur et sa PRÉDESTINATION. »
Parmi les personnes que Henri reçut à sa table, se
trouvait M. Liautard, brave menuisier marseillais.

A son passage à Florence, Henri, amateur des
beaux-arts et excellent connaisseur, voulut rendre
visite au sculpteur républicain Bartolini. L'expression
si franche de la belle tête de Henri ravit tellement
l'âme libérale de l'artiste, qu'il regrettait de ne pouvoir faire son buste de souvenir.

De retour à Goritz, Henri se trouva, pour la première fois, en face d'une position grave. L'Angleterre,
la Russie, la Prusse et l'Autriche venaient de signer,
le 15 juillet 1840, un traité d'intervention en Orient,
et la France avait été mise en dehors de ce traité qui lui
était tout-à-fait contraire : n'était-ce pas pour la France,
toujours si fière de sa gloire, toujours la première
nation de l'Europe, une véritable déclaration de
guerre ? Tout le monde le jugea ainsi, et le petit-fils
de Louis XIV qui avait fait trembler toutes les nations étrangères, Henri, plus que tout autre, fut
convaincu que la France allait ramasser le gant
que lui jetait l'Europe ; aussi renonça-t-il à poursuivre ses voyages qui devaient le conduire en Prusse et
en Angleterre, ne voulant pas se trouver dans des
pays en guerre avec le sien. « Monsieur, disait-il à
cette occasion à un jeune Français engagé dans l'armée autrichienne, Monsieur, je compte que si la
guerre éclate entre la France et l'Autriche, vous ne
manquerez pas de donner votre démission. » Mais le
gouvernement de Juillet accepta le traité qui faisait
de la France une puissance de second ordre. Henri,
profondément blessé de la honte que l'établissement
de Juillet attirait sur sa patrie, protesta, malgré son
exil et son impuissance, d'une bien noble manière :

ce fut en visitant de nouveau les champs de bataille où la République et l'Empire avaient élevé si haut le nom de la France. Cette noble conduite ne doit point étonner de la part de Henri, dont le cœur si français n'a d'amour que pour la France, de la part du prince qui, à peine âgé de vingt ans, répondait à un Français qui témoignait l'espoir de le revoir bientôt en France : « Par la France ou jamais. »

Cependant, au moment où Henri se montrait aux Français digne à tous égards de leur amour, un accident affreux faillit l'enlever à la France. Le 28 juillet 1841, Henri, parti à cheval, se dirigeait vers une fabrique de cristaux qu'il désirait visiter, lorsque tout-à-coup son cheval, vif et ombrageux, s'arrête devant une charrette de moissonneur; le prince veut le faire avancer, le cheval se cabre, une des personnes qui l'accompagnaient veut venir à son secours : « Non pas, dit Henri, s'il y a du danger, c'est moi que cela regarde; » et il donne un coup d'éperon; le cheval alors se renverse en arrière sur son cavalier; Henri, pour se dégager, le frappe violemment de sa cravache, et c'est alors que, voulant se relever, le cheval prend pour point d'appui la cuisse du prince, ce qui détermine une fracture. « J'ai la jambe ou la cuisse cassée, dit alors le courageux jeune homme. » Puis voyant l'affliction de ceux qui l'entouraient : « Eh ! Messieurs, ce n'est rien, ajoute-t-il, ce n'est qu'une jambe cassée et Bougon me la remettra bien; mais pourtant quel dommage que ce ne soit pas sur un champ de bataille ! » Henri supporta, étendu sur une voiture, un trajet douloureux de six heures dans les chemins les plus affreux, avec une patience qui ne l'abandonna pas pendant tout le temps d'un traitement pénible, mais si habile, qu'au bout de peu de mois il recouvra l'usage parfait de sa jambe ; son excellent tempérament seconda merveilleusement les efforts de ses habiles chirurgiens ; car il est inouï qu'une semblable blessure n'ait pas été accompagnée même d'un accès de fièvre au milieu des chaleurs du mois d'août.

M. de Lamartine l'avait dit : « Les miracles ne trompent pas, » et l'enfant du miracle sortit victorieux d'une épreuve dans laquelle vingt cavaliers sur trente auraient succombé. Une légère raideur dans le genou, qui tend à s'affaiblir chaque jour, est la seule suite de cet accident, qui donna au jeune prince l'occasion de montrer une vertu de plus, celle de la fermeté et de la patience dans les plus affreuses douleurs.

La nouvelle de cet évènement avait jeté dans le deuil tous les amis fidèles du jeune prince ; les indifférents mêmes se sentaient pénétrés d'une pitié remplie d'intérêt pour ce jeune homme conduit aux portes de la mort ! Dans le monde dynastique, on laissa voir à cette époque des espérances cruelles : on ne considérait l'accident survenu au prince que comme un évènement politique qui favorisait les calculs ambitieux en délivrant les puissances du jour d'un obstacle. Voici comment Henri V et la branche aînée se vengèrent. L'année suivante, le duc d'Orléans, fils aîné de Louis-Philippe, mourut d'une chute de voiture sur le chemin de la Révolte ; alors les princes exilés ne pensèrent qu'à prier pour celui qui avait sitôt passé de vie à trépas, et Henri écrivit à cette occasion, à la personne qui lui avait appris cette triste nouvelle, cette lettre pleine de cœur et de dignité :
« A la nouvelle du triste évènement dont vous me parlez dans votre dernière lettre, ma première pen-

sée a été de prier et de faire prier pour celui qui en a été la malheureuse victime. J'ai été plus favorablement traité l'année dernière, et j'en rends d'autant plus de grâces à la Providence, que j'espère qu'elle ne m'a conservé la vie que pour la rendre un jour utile à mon pays. Quel que soit le cours des évènements, ils me trouveront toujours prêt à me dévouer à la France et à tout sacrifier pour elle. »

CHAPITRE III.

Voyage à Londres. — Mariage de Henri.

Tous ces évènements avaient retardé le voyage de Henri en Angleterre, de telle sorte qu'il ne put l'accomplir qu'en 1843. Henri tenait à connaître ce pays si remarquable par son industrie et son commerce. De plus, il espérait contenter la soif ardente qu'il a de voir des Français, et à Londres il le pouvait mieux que partout ailleurs, à cause de la proximité de cette ville de Paris. Après une courte excursion en Ecosse, première station de son exil, il se rendit en Angleterre le 2 novembre. Les diverses industries de cette ville et des autres grandes cités britanniques attirèrent son attention qui se fixa surtout sur les inventions propres à diminuer les dangers que certains travaux présentent pour les ouvriers ; car la partie du peuple qui occupe le plus les pensées du petit-fils de Henri IV, ce sont les classes laborieuses.

Les grands seigneurs anglais tinrent à honneur de recevoir chez eux le prince exilé, qui accepta quelques-unes de ces invitations. Plusieurs de ses hôtes étaient protestants ; il s'arrêta entre autres à Manchester, chez M. Herbert, doyen de l'Eglise anglicane.

Enfin, Henri arriva à Londres le 27 novembre, à la grande joie des nombreux Français qui l'avaient précédé dans cette ville ; dès le lendemain, cent vingt voyageurs furent présentés au prince, et parmi eux, M. Berryer qui, consacrant tour à tour son éloquence aux grands intérêts nationaux et aux intérêts populaires, défendit à la Chambre les droits de notre grandeur extérieure compromis, et devant les tribunaux les ouvriers attaqués dans le célèbre procès des charpentiers.

Le lendemain 29, eut lieu une scène ineffaçable dans le cœur de ceux qui en furent les témoins. Tous les Français avaient été rendre visite à M. de Châteaubriand, comme au représentant vivant des principes monarchiques et des libertés nationales, lorsque tout-à-coup la porte s'ouvre et un jeune homme à la figure franche et ouverte paraît ; c'était Henri : « J'ai appris, Messieurs, leur dit-il, que vous étiez réunis chez M. de Châteaubriand, et j'ai voulu venir vous rendre ma visite. Je suis si heureux de me trouver au milieu des Français. J'aime la France parce que c'est ma patrie, et je ne pense au trône de mes pères que pour la servir avec ces principes et ces sentiments si glorieusement proclamés par M. de Châteaubriand et qui s'honorent de tant et de si nobles défenseurs dans notre terre natale. » De vives acclamations répondirent à ces paroles sorties du cœur et qui donnaient de si douces espérances pour l'avenir. Henri, vivement ému, s'écria : « Et moi, Messieurs, je crie « Vive la France! » Huit jours après, au moment du départ de M. de Châteaubriand, parurent deux lettres qui constataient et exprimaient le résultat politique du voyage du comte de Chambord en Angleterre :

« Londres, 4 décembre 1843.

» Monsieur le vicomte de Châteaubriand, au moment où je vais avoir le chagrin de me séparer de vous, je veux encore vous parler de toute ma reconnaissance pour la visite que vous êtes venu me faire sur la terre étrangère, et vous dire tout le plaisir que j'ai éprouvé à vous voir et à vous entretenir des grands intérêts de l'avenir. En me trouvant avec vous en parfaite communion d'opinion et de sentiments, je suis heureux de voir que la ligne de conduite que j'ai adoptée dans l'exil et la position que j'ai prise, sont de tous points conforme aux conseils que j'ai voulu demander à votre longue expérience et à vos lumières. Je marcherai donc encore avec plus de confiance et de fermeté dans la voie que je me suis tracée.

» Plus heureux que moi, vous allez revoir notre chère patrie. Dites à la France tout ce qu'il y a dans mon cœur d'amour pour elle. J'aime à prendre pour mon interprète cette voix si chère à la France, et qui a si glorieusement défendu dans tous les temps les principes monarchiques et les libertés nationales.

» Je vous renouvelle, Monsieur le vicomte, l'assurance de ma sincère amitié.

» HENRI. »

M. de Châteaubriand répondit ainsi :

Londres, 5 décembre 1843.

» Monseigneur,

» Les marques de votre estime me consoleraient de toutes les disgrâces ; mais exprimées comme elles le sont, c'est plus que de la bienveillance pour moi, c'est un autre monde qu'elles découvrent, c'est un autre avenir qui apparaît à la France.

» Je salue avec des larmes de joie l'avenir que vous annoncez. Vous, innocent de tout, à qui on ne peut reprocher que d'être descendu de la race de saint Louis, seriez-vous donc le seul malheureux parmi la jeunesse qui tourne les yeux vers vous ?

» Vous me dites que, plus heureux que vous, je vais revoir la France ! Plus heureux que vous, c'est le seul reproche que vous puissiez adresser à votre patrie. Non, prince, je ne puis être heureux tant que le bonheur vous manque. J'ai peu de temps à vivre, et c'est ma consolation. J'ose vous demander après moi un souvenir pour votre vieux serviteur.

» Je suis avec un profond respect, Monseigneur, de votre Altesse royale, le très humble et très obéissant serviteur,

» CHATEAUBRIAND. »

Ces deux lettres nous montrent : Henri considérant les libertés nationales comme égales aux principes monarchiques et appartenant essentiellement à la nation, puisqu'il les appelle nationales; Châteaubriand saluant avec des larmes de joie l'avenir que la conduite du petit-fils de Henri IV annonçait.

Deux mille Français firent le voyage de Londres pour voir le prince exilé. Parmi eux se trouvaient un grand nombre d'hommes appartenant aux classes ouvrières, et leur visite était certainement plus chère à Henri que toute autre, car il savait les sacrifices qu'ils avaient dû s'imposer pour faire le voyage. Tous purent remarquer que Henri, si fier vis-à-vis des grands seigneurs étrangers, traitait tout Français en ami, et avec une familiarité bien touchante. Les opinions n'étaient pas plus consultées pour être admis chez Henri que les positions, et plus d'un républicain et d'un juste-milieu comprirent que le prince est digne de l'attachement de ses amis. Ainsi, M. Flatters, sculpteur célèbre, qui se trouvait à Londres au moment du séjour du prince, n'osait se faire présenter chez lui, parce qu'il s'était battu aux barricades de 1830; une personne, l'apercevant dans la foule qui se pressait autour du prince lorsqu'il sortait, lui témoigna son étonnement de ne l'avoir vu à aucune réception. « Je n'ai pas osé, répond l'artiste, je suis décoré de juillet. » À peine Henri a-t-il connaissance de cette réponse, qu'il déclare qu'il veut absolument le voir. « Dites bien à M. Flatters que le duc de Bordeaux était trop jeune en 1830 pour avoir aucun souvenir de ce qui s'est fait à cette époque. » Toujours occupé du bien de son pays, Henri écoutait avec attention les opinions de ces hommes de toutes les classes et de tous les partis. « Je veux entendre tous les Français, je veux connaître la pensée de tous; la vérité est à ce prix. » — « Si la Providence, disait-il encore, me faisait asseoir sur le trône de mes pères, je ne voudrais être ni le roi d'une classe ni le roi d'un parti, je voudrais être le roi de tous. » Après de semblables paroles, il ne devait pas paraître étonnant de voir réunis dans son salon des négociants, des écrivains, des artistes et des artisans. « Nous avons vu, dit un voyageur de Londres, son front se rembrunir au récit des tortures des républicains du Mont-Saint-Michel, et c'est alors qu'il faisait observer qu'il n'y avait pas de loi humaine qui condamnât et qui pût condamner des hommes à l'idiotisme et à la folie. » — « Le seul moyen de me prouver votre affection, disait-il à ceux qui lui parlaient de leur dévoûment, c'est de servir la France. »

Toutes ces paroles firent une profonde impression sur ceux qui les entendirent.

— « Il nous a parlé comme un ami ; mais, en l'écoutant, nous sentions bien qu'il était quelque chose de plus, » disaient les nombreux ouvriers qui avaient eu le bonheur de le voir.

Enfin, Châteaubriand, résumant tous les sentiments qui animaient les pèlerins de Londres, s'écrie: « Ce jeune prince me confond et me charme ; il devine ce que je vais lui dire : il a les idées que je veux lui suggérer ; il est animé des sentiments que j'aurais pu lui inculquer. Je vais d'étonnement en étonnement, en découvrant qu'il sait ce que j'étais venu lui apprendre et qu'il veut tout ce qu'il doit vouloir. »

Henri de France comptait encore passer quelque temps parmi les Français, lorsque la nouvelle de la maladie de son oncle le rappela tout-à-coup en Allemagne ; il s'embarqua donc le 13 janvier et arriva le 24 à Goritz.

Le gouvernement de Juillet ne sut pas cacher l'irritation que lui causa le voyage de Londres, et surtout l'empressement des Français à se rendre auprès du prince ; il n'y eut point de vexation qu'il n'exerçât contre ceux qui avaient été voir le jeune exilé. La marque la plus éclatante qu'il en donna, ce fut le vote de flétrissure qu'il fit rendre par la majorité de la Chambre contre cinq députés: MM. Berryer, Blin de Bourdon, de Larcy, de la Rochejaquelein et de Valmy. Mais cette sentence, la France ne la ratifia pas ; les cinq députés, qui avaient donné leur démission pour en appeler au jugement des électeurs, furent réélus, et le gouvernement vit retomber sur lui la honte dont il avait voulu les couvrir. Dès qu'Henri apprit le vote rendu par la majorité de la Chambre, il écrivit aux cinq députés la lettre suivante :

Goritz, 19 mars 1844.

« J'apprends, Messieurs, votre réélection à la Chambre des députés, et je m'empresse de venir m'en féliciter avec vous. C'eût été un bien vif sujet de regrets pour moi, si la visite que vous m'avez faite à Londres avait dû priver la France d'aussi bons défenseurs de ses intérêts. Je suis heureux et reconnaissant que les électeurs des villes de Marseille, Toulouse, Montpellier, Doullens et Ploermel aient ainsi fait si bonne justice des calomnies que l'on voulait accréditer sur mon voyage en Angleterre et sur votre présence à Londres. Tous ceux qui me connaissent, savent qu'il n'y a dans mon cœur, et qu'il n'est jamais sorti de ma bouche que des vœux pour le bonheur de la France.

» Le sentiment de générosité qui a porté les hommes honorables qui ne partagent pas toutes vos convictions, à se rapprocher de vous dans cette circonstance, doit nous donner l'espoir qu'un jour viendra, jour heureux de conciliation, où tous les hommes sincères de tous les partis, de toutes les opinions, abjurant leurs trop longues divisions, se réuniront de bonne foi sur le terrain des principes monarchiques et des libertés nationales pour servir et défendre notre commune patrie.

» Je vous renouvelle, Messieurs, l'assurance de mon estime et de ma bien sincère et constante affection. »

Le mieux qui s'était déclaré dans la santé du duc d'Angoulême au retour de son neveu, ne fut que passager, et le 3 juin, ce prince termina une vie remplie de malheurs et de vertus. Henri fit connaître cet évènement aux puissances par la notification suivante:

« Devenu par la mort de M. le comte de Marnes chef de la maison de Bourbon, je regarde comme un devoir de protester contre le changement qui a été introduit dans l'ordre légitime de succession à la couronne, et de déclarer que je ne renoncerai jamais au droit que, d'après les anciennes lois françaises, je tiens de ma naissance.

» Ces droits sont liés à de grands devoirs qu'avec la grâce de Dieu je saurai remplir; toutefois, je ne veux les exercer que lorsque, dans ma conviction, la Providence m'appellera à être véritablement utile à la France.

» Jusqu'à cette époque, mon intention est de ne prendre, dans l'exil où je suis forcé de vivre, que le nom de comte de Chambord; c'est celui que j'ai adopté en sortant de France ; je désire le conserver dans mes relations avec les cours. »

Ce fut après la mort de Louis-Antoine que la famille exilée changea pour la dernière fois de résidence et alla se fixer au château de Frohsdorff, à douze lieues de Vienne, malgré les regrets de la ville de Goritz tout entière, qui ne négligea rien pour retenir cette famille qui lui avait donné, durant plusieurs années, les plus beaux exemples de vertus.

Henri partage son temps entre Frohsdorff et Venise, où MADAME, Duchesse de Berry, possède un palais et où, chaque année, de nombreux Français vont saluer ce prince dont ils rapportent à la patrie un si bon souvenir et de si douces espérances. Ce fut à Venise que Henri reçut la sœur de l'amiral du Petit-Thouars, si tristement désavoué sous le dernier régime pour sa nationale conduite à Haïti, où il avait voulu soutenir l'intérêt français contre l'intérêt anglais; Henri témoigna hautement à Mme Bergasse, qu'il reçut à sa table, combien il approuvait la conduite de son frère.

Cependant Dieu, qui avait tant éprouvé cette noble famille, voulut que le soleil de l'exil éclairât quelques jours de bonheur. Le premier fut celui où Louise de France, sœur de Henri, épousa le prince héréditaire de Lucques, depuis prince héréditaire de Parme. Mademoiselle n'oublia pas sa chère patrie, et douze mille francs furent envoyés aux pauvres de Paris le jour de son mariage. Un an s'était à peine écoulé depuis cet heureux évènement, que la *Gazette d'Augsbourg* annonçait le mariage de Henri avec Marie-Thérèse d'Est, dans les veines de laquelle le sang impérial des Hapsbourgs se mêle au sang d'une des plus glorieuses familles princières de l'Italie. Ce mariage se conclut à l'insu du cabinet du Palais-Royal et de

M. de Metternich, qui avaient juré d'enlever au jeune exilé jusqu'aux joies de la famille; il se célébra, le 16 novembre 1846, à Bruck, petite ville où Henri était allé rejoindre sa noble fiancée. Ce fut le prince qui se chargea lui-même d'annoncer son mariage à la France par la lettre suivante :

Frohsdorff, le 28 octobre 1846.

« Monsieur le marquis de Pastoret, je désire qu'à l'occasion de mon mariage, les pauvres aient part à la joie que m'inspire cette nouvelle preuve de la protection du ciel sur ma famille et sur moi, et il me paraît que ceux de Paris ont un droit particulier à mon intérêt, car je n'oublie pas que c'est dans cette ville que je suis né et que j'ai passé les premières années de ma vie. Je m'empresse, en conséquence, de vous annoncer que je mets à votre disposition une somme de vingt mille francs que je vous charge de distribuer.

» Dans la répartition de ce secours, vous n'aurez égard à aucune autre considération qu'à celle des besoins et de la position plus ou moins malheureuse de chacun, vous concertant, à cet effet, avec quelques-uns de mes fidèles amis, qui seront heureux de vous prêter le concours de leur zèle pour vous aider à remplir mes intentions. Je n'ai qu'un regret, c'est de ne pouvoir pas donner davantage. Quand je pense surtout à la misère qui règne en ce moment, et dont l'hiver qui s'approche ne peut qu'augmenter encore les rigueurs, je voudrais avoir des trésors à répandre pour soulager tant de souffrances. Je suis sûr que mes amis sentiront comme moi la nécessité de s'imposer de nouveaux sacrifices et de rendre leurs aumônes plus abondantes que jamais. Ils ne peuvent rien faire qui me soit plus agréable ; c'est d'ailleurs le grand moyen d'éloigner de notre commune et chère patrie les maux qui la menacent, et d'attirer sur elle toutes les bénédictions qui peuvent assurer son bonheur. »

Mais ce n'était pas assez pour le cœur de Henri, une seconde lettre annonça de nouveaux secours. La voici :

« 31 Octobre 1846.

« Monsieur le marquis de Pastoret, vous savez que c'est surtout par des secours envoyés aux classes indigentes que je désire marquer l'heureuse époque de mon mariage et remercier la divine Providence d'avoir écarté les obstacles qui s'y étaient opposés jusqu'ici. Quoique forcé de vivre sur la terre étrangère, je ne puis jamais être indifférent ou inaccessible aux maux de la patrie. En pensant à la cherté des subsistances et aux justes craintes qu'elle inspire pour la saison rigoureuse dans laquelle nous allons entrer, j'ai cherché comment je pourrais contribuer au soulagement de la misère publique. Il m'a paru que le meilleur emploi à faire des sommes dont je puis disposer, c'est de les consacrer à établir à Chambord et dans les forêts qui nous appartiennent encore, des ateliers de charité qui offrent aux habitants pauvres de ces contrées un travail assuré pendant l'hiver prochain, leur fournissant les moyens de pourvoir à leurs besoins et à ceux de leur famille. Je vous charge donc de prendre les mesures nécessaires pour l'exécution d'un projet que j'aimerais à voir s'étendre à la France entière. Pour moi, je me féliciterai du moins d'avoir pu adoucir le sort de Français malheureux qui, par leur position particulière, ont encore plus de titre à mon intérêt. »

Maintenant que j'ai raconté la vie de Henri, qu'il me soit permis de dire en quelques mots l'impression que j'ai ressentie lorsque, voyageur obscur, je lui fus présenté à Venise. Je trouvai un prince tel qu'il serait à désirer que la France eût un Roi, si un jour la République ne pouvait faire son bonheur.

Pendant plusieurs semaines, je le vis presque tous les jours. Je dînai à sa table, car tout Français est invité à s'y asseoir; je le vis seul, je le vis au milieu d'un cercle nombreux, et je le trouvai dans toutes circonstances tel qu'il devait être. Sa conversation est généralement sérieuse; on parle peu politique, excepté dans les audiences particulières; la raison en est toute simple : Henri reçoit tous les Français qui veulent le connaître; comme tous n'ont pas la même opinion, il pourrait résulter de tristes divisions, de pénibles discussions. Son instruction profonde se révèle à chaque mot; il parle avec une égale facilité sur tous les sujets; mais l'agriculture et l'industrie semblent particulièrement fixer son attention, il sent que c'est la partie vitale de la France qui demanderait le plus de soin et de développement; il voit avec peine les Français sacrifier si souvent à la mode en achetant à l'étranger des objets que la France procure. Ainsi, je l'entendis faire promettre à une jeune femme d'acheter un cachemire français après son retour, sérieusement contrarié de lui avoir entendu dire qu'elle n'eût que des cachemires de l'Inde. Il n'est pas moins sensible à tout ce qui se rattache à la gloire et à la puissance de la France. Lorsque, le 29 septembre, on joua l'air fameux : «Jamais en France l'Anglais ne règnera,» ce prince si Français releva vivement la tête et d'un accent plein d'énergie:

— « Voilà un air national par trop modeste, Messieurs, la France est trop grande pour se contenter de si peu ; elle a droit de prétendre à mieux que cela. »

D'une religion grave et sérieuse, mais pleine de tolérance, Henri ne croit pas avoir le droit de s'enquérir de la religion de ceux qu'il reçoit : protestants, juifs, catholiques, tous sont admis ; il sait que le secret des consciences ne regarde que Dieu. Sa piété n'exclut pas la gaîté, et je l'entendis s'amuser beaucoup de ce qu'un capucin avait, le premier, demandé à voir le trousseau de sa femme.

Son humeur est douce, cordiale ; son caractère est naturellement gai ; quelquefois cependant son front si jeune se couvre d'un nuage de tristesse, c'est lorsque l'image de la France se présente à ses yeux. Une fois, il demandait l'âge d'une charmante jeune fille qui lui était présentée : Quinze ans, répond sa mère. « Quinze ans, répète le prince avec un accent profond, que c'est long loin de la France. » Lorsqu'il me demanda : « Dans combien de temps serez-vous en France ? » ses yeux tournés vers l'horizon de la patrie mesuraient en quelque sorte avec ardeur la distance qui l'en séparait. Il n'a point d'ambition, mais il a un sentiment profond du devoir ; il disait un jour à un républicain français qui lui suggérait l'idée de renoncer au bénéfice du droit héréditaire et de se présenter comme candidat à la France : « Monsieur, on abdique un droit ; mais on n'abdique pas un devoir. »

Je n'ai point parlé de l'extérieur de Henri : chez un homme, la supériorité intellectuelle doit suffire. Cependant je dirai, pour contenter ceux qui sont avides de toute espèce de détail sur l'enfant de la France, que Henri est d'une taille moyenne, un peu au-dessus de celle de Napoléon, bien proportionné, vigoureux, alerte dans ses mouvements. Sa magnifique tête fixe tout d'abord les regards ; il joint aux plus charmants traits une expression à la fois mâle, énergique, douce, franche et spirituelle ; son front large laisse lire l'empreinte de l'intelligence et le sceau de prédestination que Dieu lui a mis comme une couronne qui ne peut lui être ôtée.

Je veux aussi dire un mot de la princesse toute française qu'Henri a choisie pour compagne. Née la veille de la fête du prince, Madame la comtesse de Chambord était le plus beau présent que la Providence pût lui faire ; à sa taille de reine elle joint la grâce la plus parfaite ; sa physionomie pleine de bonté et d'amabilité attire tout d'abord, sa voix pénétrante va jusqu'au cœur ; elle partage l'amour de son mari pour les Français ; l'énergie de son âme, qui la met au-dessus de la nature ordinaire des femmes, lui fait comprendre tout ce qui est grand et lui fait entreprendre tout ce qui est bien. Son bonheur, dit-elle, c'est de faire du bien à la France ; voilà toute son ambition.

Quant à Madame la duchesse de Berry, je l'ai reconnue telle qu'on l'aime en France. Rien n'est changé en elle, tout est français, et je suis convaincu que si elle rentrait en France, on ne s'apercevrait pas qu'elle a passé dix-huit ans loin de cette patrie.

Mon bonheur fut grand de trouver ces princes tels que je viens de le dire. J'avais trouvé dans l'héritier de Louis-le-Gros, l'émancipateur des communes, un ami sincère des libertés nationales; dans le petit-fils de saint Louis, le plus grand défenseur de la justice; dans le petit-fils de Henri IV, le meilleur ami du peuple; et dans l'héritier de Louis XIV, le plus grand ennemi de l'intervention étrangère, le Français le plus jaloux de la gloire de la France. Je pouvais dire avec un voyageur de Londres: « Ce prince est taillé comme il le faut. » Et je partis content.

J'avais fait ce voyage quelques mois à peine avant la révolution de Février, et la conduite pleine de sagesse et de générosité que ce prince a tenue depuis, a confirmé de tout point le jugement que j'en avais porté. Dans toutes les paroles qu'il a prononcées, dans toutes les lettres qu'il a écrites, et il y en a une qui a été lue à l'Assemblée nationale par M. Joly, il exprime ce sentiment : que jamais il ne consentira à être un obstacle de plus, au milieu des obstacles de la patrie; mais que si la France croit devoir l'appeler, rien ne l'empêchera de se rendre à son appel. Telle a été la règle de sa conduite depuis un an. Pas un reproche n'a pu lui être fait. Il a été ce qu'il sera toujours : l'homme du devoir.

Impr. ÉD. PROUX et Cᵉ, rue N.-des-Bons-Enfants, 3.

LETTRE DE M. LE COMTE DE CHAMBORD

(LE DUC DE BORDEAUX).

Froshdorf, le 1ᵉʳ juin 1848.

Je viens, Monsieur, de lire la prétendue lettre adressée par moi au président de l'Assemblée nationale, imprimée et publiée à Paris le 18 mai dernier. Je sais aussi qu'il a été répandu plusieurs autres lettres qui tendraient à faire croire que j'ai renoncé au doux espoir de revoir ma chère patrie. Aucune de ces lettres n'est de moi.

Ce qu'il y a de vrai, c'est mon amour pour la France ; c'est le sentiment profond que j'ai de ses droits, de ses intérêts, de ses besoins dans les temps actuels ; c'est la disposition où je suis de me dévouer tout entier, de me sacrifier à elle si la Providence me juge digne de cette noble et sainte mission. Français avant tout, je n'ai jamais souffert, je ne souffrirai jamais que mon nom soit prononcé lorsqu'il ne pourrait être qu'une cause de division et de trouble. Mais si les espérances du pays sont encore une fois trompées, si la France, lasse enfin de toutes ces expériences qui n'aboutissent qu'à la tenir perpétuellement suspendue sur un abîme, tourne vers moi ses regards et prononce elle-même mon nom comme un gage de sécurité et de salut, comme la garantie véritable des droits et de la liberté de tous, qu'elle se souvienne alors que mon bras, que mon cœur, que ma vie, que tout est à elle, et qu'elle peut toujours compter sur moi.

Je vous renouvelle, Monsieur, l'assurance de toute mon affection.

HENRI.

PRIX : UN CENTIME.
Chez JEANNE, passage Choiseul, 68,

IMPRIMERIE ÉD. PROUX ET Cᵉ, RUE NEUVE-DES-BONS-ENFANTS, 3.

www.ingramcontent.com/pod-product-compliance
Lightning Source LLC
Chambersburg PA
CBHW070715050426
42451CB00008B/656